職業家

1

編繪 **何同學**

原案 **CO-CO!創作組**

大家好，我是阿想～
我的夢想是帶給大家各種職業趣聞！
作為阿想的好伙伴，我也會在旁介紹各種職業知識！
那就請大家細心欣賞～
快開始工作吧！

人物介紹

充滿職業好奇心的主角
阿想

雖然名字有個「想」字，但做事卻不只是空想，而是會坐言起行，穿起各行各業的制服，嘗遍每個職業體驗！雖然個性帶點頑皮，偶而會搗蛋，但有好伙伴從旁幫忙，令職業趣味源源不絕。齊來跟阿想一同發掘職業樂趣吧！

目錄

阿想當差

大家好，我是阿想～

我的夢想是成為警察。

為甚麼？你看我的肩膀吧！

709394

因為可以「出來搞三搞四」啊！

維護安全及穩定——
警察

警察肩負維持香港治安及法紀的使命，由警務處處長及兩名副處長帶領，其下可分為五處，執行各種警隊事務，包括日常巡邏、調查商業及刑事罪行、訓練警員及提升警隊效率等工作。由於範圍廣泛，警察亦可發展自己的專業，如商業調查、毒品、鑑證等工作。警隊的人事及訓練處會提供有關訓練，確保警員能應付相關工作。

手號

門外監視

內裏情況如何？

兩隻手指？莫非有兩個賊人？

我忘了拿筷子，能否代我跑一趟？

巡邏

嗚嘩嘩嘩…

你為甚麼在哭？

我和媽媽失散了…

不用怕，我幫你找回媽媽～

嘩呀呀呀！

找到「孖孖」了～

槍法訓練　　鍛煉十足

要做好警察，首先要有好體格！

警察要定期鍛煉槍法

因為警察裝備一共有12磅重，力氣不夠就背不起來！

練習時，一定要戴耳罩保護聽覺！

這樣我放心了，我一定能背起來。

為甚麼？

不過，耳罩還有一個很重要的用途！

快起來啊！！！

就是用來隔音。

因為我上學的書包也超過12磅了…

人流控制

7

解危舒困　　實用裝備

說到裝備，就一定要見識這本筆記簿！

警察有各種裝備，

警員會在簿上記錄工作資料。

例如對講機、警棍、警槍，還有手銬。

關鍵時刻，這本簿還能救人一命。

不過最有用還是這支胡椒噴霧！

沒廁紙時就要靠它了⋯

吃飯時噴一噴，滋味滿分～

追捕超速　　路上安全

交通警亦是警察的重要崗位，

有人超速，快出動！

駕駛電單車，確保交通安全！

有時候我們還要指揮交通！

交給我吧！

咦!?這輛車怎會這麼高的!?

你在幹甚麼啊!?

扮交通燈啊！

9

響起警號　　　告票

先生，這裏不能泊車。

阿SIR，給我一次機會吧～我只是在等外賣～

太遲了，

警車只要響號，前方的車子就要讓路。

吃牛肉乾吧！

除了可用於追捕賊人外，

還有其他方便的用法。

咦！？

讓開！我要趕回家追劇集啊！

10

最佳拍檔

成為警隊一分子！

想投考督察，需要有大學學位或同等學歷；而投考警員則需中學文憑考試或會考五科第 2 級或以上成績。男生最少要有 1.63 米及 50 公斤，女生最少要有 1.52 米及 42 公斤。符合基本資格後，還要接受筆試、體格測試、心理評估及面試。獲聘用後，還要在警察學院接受半年以上訓練才能投入工作。

警犬是警察的好拍檔，

牠們會用靈敏嗅覺去追蹤。

但是有一種生物的嗅覺更靈敏，所以我決定引入——

警豬！！

消防員放假

消防員是我的夢想職業！

因為每上1天班就可休息2天～

而且這還代表了一個地鐵站！

就是「休好Day」了～

油麻地站
Yau Ma Tei Station

救火英雄── 消防員

消防員的職責是撲滅於香港發生的火警，包括市區、山區及海域內的火災。為提高滅火效率和安全，消防員重視團隊合作，並有多種消防車及工具支援。除此以外，消防員亦肩負檢查消防設施及推廣防火意識的工作。

成為消防員一份子！

需要中學文憑考試或會五科第2級或以上的成績，並要通過視力、體能、筆試及面試等測試。假若順利通過的話，就要在消防訓練學校接受26星期的留宿初級訓練。

12

出動　　　　在家工作

消防局內經常看到這些鐵柱，

你的父母會否不想你回公司，直接在家工作？

出動時就沿柱而落，快速到地面。

我今天運氣不錯，可以在家工作～

OK！

阿想，你來示範！

不過我的職業是消防員，

不是叫你跳鋼管舞啊！！

即是我家發生火炎啊！！

街井　　防火衣

紅色街井出淡水。

在火警現場，消防員全靠這套防火衣保障安全。

黃色街井出咸水。

它不但能防火，還可承受800度高溫。

不過我覺得還是差了一點…

簡直就是消防員的最佳拍檔！

最好就有紅白色街井出汽水～

最適合用大火來炒飯！

14

消防裝備

消防員的裝備重達40磅，

你的上學書包沒這麼重了吧～

雖然我的書包沒這重量…

但我在動漫節買來的東西，就遠超這重量！

火場救人

有沒有人啊？

有人就回應我啊！

有呀，我在這裏！

找到你真的太好了～

感謝你來救我啊～

其實我迷路了，你能否帶我離開？

15

消防船

打排球　　　呼吸面罩

消防員不用出
動時，會打排
球作鍛煉。

終
於
把
火
撲
熄
了
…

因為排
球碰撞
機會少，
不怕受
傷。

阿
想
你
還
不
脫
下
面
罩
？

不過，我
認為有種球類
更安全，

當
然
是
有
原
因
的。

甚
麼
原
因
！！

就是雪糕
球了～

因
為
我
想
放
屁
…

咘

咇…！

困電梯

如果被困電梯就要找消防員，我們有多種工具，可以打開電梯門救人。

消防員真厲害～不過我有個問題。

那你為甚麼還不救我們離開？

阿想你放心，我們會很快救你出來！

因為就算是消防員被困時，也只能被救…

雲梯

消防車當中最帥的就是雲梯，

只要有雲梯，就可以走上數十層樓高的地方救火。

不過對我來說，雲梯有一個大缺點…

就是上得太高，我會「暈」…「低」…

勇者無懼　　消防設施

這場火太厲害了，撤退吧！

消防員會巡查樓宇的消防設施。

不行，我一定要救熄這場火！

這座舊樓沒有消防設備?!

有呀！有個雪櫃。

你實在太英勇！

我好感動！

雪櫃怎算是消防設施？

我剛才丟了數張遊戲咭，一定要救回它們！

內裏有很多水，可以救火～

19

郵差職責

郵差的工作非常有貢獻!

全靠郵差不辭勞苦,信件才能準時送到!

所以我也立志要當郵差,

這樣我的抽獎信就能永遠第一個寄到~

郵差

郵差主要工作是派遞郵件,每天收集市民郵件後,就要按地區或門牌分類,提高工作效率。由於要冒着風雨及高溫工作,所以對體力及毅力有一定要求。

成為郵差一份子!

若想當郵差,除需要中學學歷及面試外,還要接受技能測試,舉起指定重量的信袋,並把信件按地址分類。

第一個挑戰　Postman

要當郵差，第一步就是能背起這個郵袋。

郵差工作雖然簡單，

雖然郵袋有40磅重，但這不是問題。

但需要花費不少體力和精神。

問題是穿着制服，又背郵袋……

為了應付 Postman 這工作，

這和穿着校服背書包完全一樣啊～

讓我在網上多出一點 Post 吧。

FB網絡

紫色郵筒　　　分門別類

這款紫色的郵筒是郵差用的儲物櫃。

所有信件送到郵局後，都要先經過分類。

郵差可以先把部分郵件暫存在這裏，分開數次派發。

按地區樓層分類，提高派信效率。

這樣我們就不用拿着郵袋四處走，阿想你也用吧。

OK～

我分完了～

好，出發派信吧！

那麼我就每次都拿1封去派～

你想派到天黑啊!?

把信分成「你派」和「我派」，這樣就夠效率了～

22

專業郵差　　　郵費原則

內有惡犬　　信袋

在圍村派信，最大的挑戰就是看門狗。

郵差的郵袋不但容量大，而且外層防水。

有守門狗在，根本靠近不了郵箱。

就算下雨也不用怕弄濕郵件。

不過身為一個郵差，我一定要完成工作！

這樣就不用擔心下雨了～

麻煩你交給主人～

旺？

只要用郵袋擋雨就行～

郵件都濕了啦！！

郵車與我　　空郵

郵差會有郵車接送，送郵差去各地派信。

我這封信要今天內寄到，有沒有方法？

派信完畢後，郵車亦會把郵差送回郵局。

你要寄去哪裏？

柴灣。

有郵車接送真好，不過可以做得更好。

怎樣做？

就是由我做郵車司機，連行也不用行～

簡單，我幫你寄空郵吧。

寄本地也有空郵？

飛鴿傳書，還不是空郵？

海外郵件　　郵筒變遷

怎麼收費？

看地區。

Speed Post

香港早期的郵筒是紅色圓柱形。

128

中英美泰意法德，訂為不同價錢。

不過現在已轉變成綠色長方形。

LETTER BOX

我想送意大利。

意大利呢⋯

證明香港的郵務真的多得可怕。

為甚麼這樣說？

意大利餸！肉醬意粉42元，凍飲再加3元！

都吃到發胖，臉色變青，這樣還不夠可怕？

LETTER BOX

平郵空郵

寄空郵和平郵。空郵信有分

平郵比較便宜，但用船送比較慢。空郵用飛機送，速度快但比較貴。

不過有方法比空郵平。平郵平比空郵快比

就是電郵了！

地址錯誤

郵差最害怕就是寫錯地址的信件。

若沒有回郵地址，就算想送回給寄信人也沒辦法。

不過作為一個有尊嚴的郵差，我絕不會放棄這封信！

放回郵筒當作沒事發生～

不准呀！

Letter Box

Post

現代郵政的中心
郵票知多少？

全賴有郵票，大家的信件才可通行全港～但大家對郵票又有多少認識？

寄信就如坐的士一樣貴～

郵票誕生前的郵寄制度

郵票出現前，郵件由收信人付費，而且郵件份量愈大，路程愈遠，收費就愈貴。

據説有人想出一個免費「報平安」的方法：寄信人在信封上畫記號，收信人只需看到記號，對照事前商量好的內容，不用付費就能知道寄信人想傳達的訊息。

POSTAGE
第一枚郵票—黑便士！
黑便士

1840年，郵票誕生！

1837年，英國人羅蘭•希爾提出改革郵政系統，主張由寄信人支付郵費，並用一種印刷品作付費證明。3年後，符合這兩項要求的物件——郵票正式誕生並投入服務～

(設計by阿想)

為甚麼郵票叫黑便士？

黑便士的發展

因以黑作底色，蓋上郵戳後痕跡不明顯，很易被重覆使用，所以黑便士很快被以紅色印刷的「紅便士」取代。

因為當時1枚郵票價值1便士～

齒孔邊是於1848年為方便銷售和使用而推出。在此之前，人們要用剪刀切割郵票。

郵票的特徵

為防止被偽造，而用特製的紙來製作。亦有郵票以樹皮或牛仔布製作。

$2.20 中國香港
2014© 黃竹角咀 ✿✿ Wong Chuk Kok Tsui

HONG KONG, CHINA

以不同主題為圖案，由天文地理至名人古蹟。2014年度的香港通用郵票主題是地質公園。

背面塗上一層從植物取得的膠質，只要加水就能黏貼。

郵票趣談：錯版更有價值？

一般印刷品若出現內容錯誤可能會讓價值下降，但對集郵者而言，錯版的價值說不定遠超原版。

例如一款名為《全國山河一片紅》的郵票，就因錯版被回收，流出市面的郵票在2009年拍賣出368萬的高價！

為感謝郵票的貢獻，每次寫電郵我都會貼一張在熒幕上～

水手的義務

啟航！

水手經常要離鄉別井……

不過身為水手，我會忍耐的！

維港兩邊來回不用10分鐘，有甚麼好傷感的！

水手是船帕上的基層工作人員，負責維護船隻、確保航行安全及執行一般事務工作。一般水手有機會在甲板、輪機及事務部門工作。若能考取專業資格，更有機會晉升至更高職位。

成為水手一份子！

想成為水手，可報讀職業訓練局舉辦的「初級全能海員證書課程」，接受23星期訓練成為初級海員。想有更好發展，可報讀為期2年的「海事科技高級文憑」，畢業後有機會成為甲板副長等較高級職位。

止暈　　水手服

在大海工作，難免會暈船作嘔…

水手歷史悠久，其制服同樣充滿學問。

幸好我早有準備！

據說這個大衣領就是用來擋風的。

剛好相反。

是暈浪丸嗎？給我一粒。

特效瀉藥清空肚子，保證沒東西可吐～

W.C.

而水手的工作場所通常都很濕滑，

所以下半身就穿裙子避免弄濕～

你穿的是校服，快換回褲子！

船上職階

每艘船都有一個船長，其下就是大副及二副。

船長指揮船上一切，是每個水手的夢想。

不過我較想當大副二副。

為甚麼？

「大富」和「易富」聽起來不是更吉利嗎～

水手工作

水手可以細分為舵工、機匠等不同職位。

我曾在船上工作過，更是重要職位。

真的？是甚麼職位？船長還是舵手？

在龍舟上負責打鼓～！

航行規則

船的左右分別設有紅綠兩色燈，

如果航道交疊，看到對方船隻燈號為紅色，就要率先讓路。

爭廁所時，變臉色的一方有優先權！

我都好急啊！

其實這規則也可應用到生活上解決紛爭。

海盜襲擊

海盜呀！

有海盜，快去幫忙！

就在那邊！

海盜在哪裏!?

是北海道呀！

專業術語

船上有好多專業用語，

例如左右舵會叫做 Port 和 Starboard。

其實我平日都不少專業用語。

例如？

好○克和柯○田我會叫可力和華田～

34

我要當船長

我剛才說當船長是每個水手的夢想，

其實是因為船長比起飛機師和汽車司機更厲害。

有甚麼厲害？

厲害在於船長只需要吩咐舵手做，自己甚麼也不用幹～

檢查工作

檢查船上的求生工具，是水手的重要工作。

必須確保工具運作正常，遇上災難時才能發揮作用。

檢查完畢了嗎？

不，還有一件沒檢查。

要徹底檢查這支裝備能不能收集糧食！

大危機

你為甚麼這麼緊張？

船長掉進海啊！

笑話，你的船長我就站在你面前！

我是說船「槳」掉了進海啊！

最近距離

在船上這麼久了，開始想念在陸地的感覺。

這簡單，只要登陸就行了。

我們在海上，哪來的陸地？

最近的陸地距離我們只有兩公里啊。

真的？在哪裏？

就在正下方～

水手必備技能

水手在海上工作，最重要是懂水性。

我懂自由式、蝶式和蛙式。

你又想問阿如何？

游泳招式我也懂！

就是「唔識」～

心水選擇

船有各種不同種類，

有雙桅船、郵輪、戰艦、飛翔船、油輪等等等。

那你最喜歡哪一種船？

那當然是——

香蕉船啦～

賽事開始

賽道上的疾風——
賽車手

賽車手分為職業及業餘。想成為職業賽車手，則需要找到贊助，並獲得車隊支援。透過參加業餘比賽成名，是其中一個爭取贊助的方法。賽車手在比賽時必須與車隊緊密合作，在比賽外，則需要持續鍛鍊身體，才能承受加速過彎時的重力。

成為賽車手一份子！

要成為職業賽車手，需要大量資金作訓練及賽車保養。由於香港缺乏賽車培訓設施，亦缺少對賽車手的需求，所以較難找到成為職業賽車手的贊助，但珠海和澳門會定期舉辦賽事，可先在當地接觸賽車。

頭文字想　　鍛鍊有方

某位漫畫主角駕車送豆腐，速度再快，豆腐也保持完整。

比賽時，頭盔會因為離心力而變得更重。

所以你要模仿他來練習？

錯了，

你頸子這麼幼，負擔得了嗎～？

我的方法和他有點不同。

放心，我每天都有鍛鍊頸子的。

怎樣鍛鍊？

我是故意弄碎豆腐，這樣才有豆腐花吃啊～

就是打瞌睡了～

眼看四面

身為賽車手，除了體能外還要有優良視力。

因為我們要清楚掌握每個超車空位，

亦要隨時提防賽道上出現危險，

最重要當然是看清楚哪位觀眾拿着相機啦～

F1 方程式

大家不要以為F1方程式很簡單，

其實非常考驗膽色和智慧。

連我這個活潑聰明可愛的主角⋯

花了數天也解不開這條F（Form）1方程式⋯⋯

40

賽車種類

世上有很多種賽車，我們可以用車輪數量來分類。

4個有輪的有F1方程式和房車。

有沒有單輪的比賽？

當然有！

2個輪的有電單車。

這樣就是單輪了～

衝線爆發力　　車軚選擇

起步秘訣　　爆軚

比賽即將開始。

阿想

阿想選手進入維修站，莫非車子出現故障!?

全部吃塵吧！

我爆軚了，要立刻更換！

收到！

你起步好厲害啊，怎樣做到的？

最重要是多練習。

咦？4條車軚也沒爆啊？

我每天都在旺角逛街練習的～

我是指我穿着的這條爆軚了……

43

灼熱高溫　　　　使命感

F1在比賽時可以到達60度高溫，

當賽車手，就是要追求風馳電掣的速度感，

對賽車手來說，就好像處身於蒸籠一樣。

同時亦背負着為人類開拓最快速度的使命！

不過這樣也有一個好處，

所以我們有義務在任何時刻都追求速度！

肚餓時可以煎蛋醫肚～

那你也用不着把我的餸菜也吃清光啊！

不是我太快，只是你太慢了～

破除風阻　　取勝秘訣

比賽時，風阻是最大的敵人。

阿想選手打破最快時間了！

所以F1設計成流線形減輕風阻。

你的表現非常好，請問有甚麼秘訣呢？

不過為了進一步提高勝算，我準備了秘密武器！

都是全靠我的維修隊。

因為他們把車子保養精良？

連我也變得流線形，這樣風阻就更少了～

完全相反，是因為他們弄壞了賽車啊！！！！

話你知~

賽車隨人類發明汽車誕生，至今已過百年歷史。對於這項追求極速的運動，你知道多少？

世上首場賽車於1894年巴黎舉行。經多年發展，賽車項目形形色色。以下是目前最受歡迎的三種賽車項目。

一級方程式

對賽車性能的限制共分三級，「一級」的要求最高。由於重心低，加上氣流製造壓力，轉彎時產生的力量，讓車手感覺像5個自己壓在身上。

賽事形式：封閉式賽道、或把街道封閉作賽
著名賽事：格蘭披治大賽
著名車手：艾爾頓‧冼拿、米高‧舒麥加

房車

把市面出售的汽車和跑車改裝後參賽。除封閉式賽道，亦有使用室外街道，以點對點形式橫跨各種地型的拉力賽。

賽事形式：封閉式賽道、拉力賽
著名比賽：世界房車錦標賽、世界拉力錦標賽
著名車手：塞巴斯蒂安‧奧吉爾、歐陽若曦

電單車

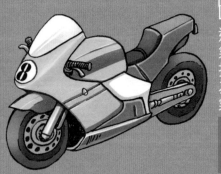

通常會限制同場車子的性能，如排氣量等。除公路賽，還有在山路比拼的越野賽。由於沒車身保護，極為考驗車手的技術、平衡力及勇氣。

賽事形式：公路賽、越野賽
著名比賽：世界電單車錦標賽
著名車手：史東拿、馬奎斯

車場知識阿想

賽車場上的重要旗號

> 用來提醒賽車場上車手發生的事。

黑白格仔旗：
比賽或試車時段結束，車子需駛回維修區。

紅旗：
賽道上發生嚴重意外，比賽暫停。

黑旗：
與號碼牌一起使用，該號碼車手需立刻駛回維修區，並有可能被取消比賽資格。

黃旗：
前方為危險區域，車手需減速，並不得超車。

> 最想看的當然是對手舉白旗～

當賽車手的三大要求

> 賽車手對體能需求極大啊！

一、超強心肺能力！
過彎時離心力會讓全身血液聚向一邊，心肺能力弱有可能會昏倒。還要在心跳190/m下談笑自若！

二、超強臂力！
輪胎在高速下會被壓向地面，令輪盤變得極重，需強大腕力才能維持輪胎轉向。

> 若自問滿足這三個要求，就去報讀賽車課程吧～當賽車手宜早不宜遲，把握勇氣闖過每個彎位！

三、惡劣環境下的集中力！
車身高溫及耐熱衣會讓車手嚴重脫水，但仍需維持集中力看穿每個超車位和危險。

服務不周

傲航藍天—— 飛機師

按航空領域及需要,機師可分數種,民航機師就最為大眾熟悉。現今民航機都有自動導航系統,機師工作看似容易,但實際上起飛前輸入導航資料的程序相當繁瑣,機師亦需時刻監察飛行系統,與空中管制站聯絡。因此機師其實責任重大!

成為機師一份子!

較簡單途徑是參加各航空公司的見習機師計劃,也可報讀飛行學校,或於外國自費考取相關執照。大部分民航公司都要求申請者有大學程度,良好視力及身體狀況、決斷力及應變力也是重要條件,獲聘後亦要持續應付各種考核。

立志飛行

飛機師是一份有型又有挑戰性的職業。

既可以環遊世界，又可以自由自在地飛。

不過要求非常嚴格，你有自信嗎？

我自小就有飛行經驗了～

每次考試我都在低空飛行，經驗絕對豐富～

視力測驗

要當飛機師，首先要通過視力測驗。

第二行是E、X、W。

好，那麼讀讀第一行吧。

讀不出來嗎？

視力測驗不合格。

這些字就算看得清也讀不出來啊！

49

唱：音唱。　燊：音洗。　躠：音薛。

飛行選擇

這麼多飛機中，我最喜歡小型飛機。

因為他靈活輕巧，想怎樣飛也可以。

比起小型飛機，我較喜歡大型飛機。

為甚麼？

他有最先進的自動駕駛，想偷懶不飛也可以～

扣緊安全帶

請各位乘客注意……

本飛機將會出現輕微搖動，請乘客扣緊安全帶。

雷達沒顯示有氣流啊？

不是氣流…

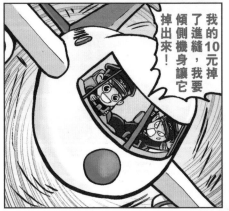

我的10元掉了進縫，我要傾側機身讓它掉出來！

直升機　必要知識

駕駛直升機一直是我的夢想！

氣象學、航空法例、操控技巧、飛機常識、通訊……

自從看過它擺脫地心吸力的姿態後，我就一直希望——

飛機師要學習這麼多知識，真的很辛苦。

能直接操控它！！

知識就是寶庫，將來總有用得着的地方。

有道理。

歡迎，到六樓了～

這是垂直升降機！不是直升機！

你看，現在就有用了～

尋人　飛機餐

兩位，派餐時間到了～

請問乘客內有針灸師嗎？

我是。

你的那份好像好好吃…

我和你換吧？為免一起中毒，機師不可以進食相同餐點。

請問乘客內有家庭醫生嗎？

我是。

但我這份好像也很好吃…

那你想怎樣？

是否有人急病或暈過去了？

不是，

我連你的那份一起吃掉就不怕一起中毒啦～

其實我不小心反鎖了駕駛艙，所以借你們的工具一用……

52

秘密休息室

長途飛機有專供機組人員休息睡覺的房間。

在駕駛長途機時，飛機師可輪流休息睡覺。

為了確保精神充足，機師有一個義務——

就是在任何環境也能睡得香甜～

不要睡啊，輪到你當值了！

零失誤

雖然飛機發生意外的機率比汽車低很多，但任何小失誤仍有可能引發災禍。

所以每個飛機師都有責任追求零失誤——

而我有個方法可以保証自己零失誤。

甚麼方法？

不做錯，全程都交給你來駕駛便可以。

萬里無雲

為了減輕風阻，飛機會飛得比雲層還高。

對了，我們應該善用這個環境。

怎樣善用？

一點風景也看不到，真的有點悶⋯⋯

萬里無雲，正是曬出古銅色肌膚的最佳環境啊～

起飛

起飛動作非常考驗機師的操作技術，

加速不夠飛機就會爬升不順暢；但加速太多跑道可能會不夠長。

不過我有一個好方法知道最佳時機！

快起飛啊！！

當另一位機師開始慘叫，就代表我可以爬升了～

專業服裝

雖然飛機師整天都坐在駕駛艙，但他們都會穿上整齊的西裝。

因為這樣子能令人感覺很專業，增加乘客的信心。

不過我認為這樣子還不夠專業——

打扮成真正的飛行專家才夠專業啊！

你在暗示我胖嗎!?

飛機都飛得起，你該反省一下吧？

數百噸重的客機能在高空自由飛翔，而人類不足1噸也無法飛升1米。是甚麼力量讓飛機能翱翔天空呢？

天大揭秘！

飛機外形源自雀鳥。雀鳥拍翼時利用氣流飛翔。飛機機翼同樣能利用氣流，所以飛機飛行的力量正是——空氣！

飛行的功臣：
空氣＋機翼＝升力

飛機移動時，空氣分成兩邊沿機翼上下方移動。由於機翼上方彎曲，下方平坦，上方的空氣氣壓會較下方低，從而產生升力。

再加以圖片理解吧！

當升力足以承擔飛機重量，就能起飛！

飛機靜止時
空氣的力量會平均散佈在機翼上，沒有升力。

機翼

上面壓力少於下方，形成升力。機翼愈闊速度愈快，升力愈大。

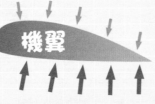

機翼

飛機前進時

機翼

空氣分成上下順機翼流動，氣壓產生變化。

世上第一架飛機

普遍認為，是由美國萊特兄弟發明的飛行者一號，於1903年12月17日進行人類首次飛行。它有右列三大特徵：

機體重量大於空氣

飛行路線可以控制

飛機有持續動力推動

空中巴士翔

單憑不足以讓飛機飛翔，飛機還要有機翼配合其他。

機首設計成流線形，減低空氣阻力節省燃料。

分為垂直和水平。前者的方向舵控制左右轉向；後者的升降舵控制俯衝和抬頭。

尾翼

主機翼

設副翼和襟翼，協助飛機旋轉和減速。

飛行動力來源－引擎

用來吸收前方空氣，壓縮往後方噴射，藉此推動飛機前進，維持升力。

向後噴射 ← ← ← 吸收空氣

假若人類能重現飛機飛行原理，同樣能在空中自由飛翔，不如你也設計人體專用飛行機器？

向宇宙進發——
太空人

太空人分為三類：駕駛員、飛行任務專家和載荷專家。三種各有不同任務，但均需在惡劣的太空環境中準確完成複雜的操縱或實驗任務，因此不但需要豐富的相關知識及技能，對身體及心理質素的要求亦非常嚴格。

成為太空人一份子！

要做太空人，其實也並非遙不可及，因為中國航天技術日漸成熟，多間大學都有研習課程，可在當地修讀並留意有關招募。香港太空館也會不定期舉辦少年太空人體驗營，可先一嘗飛上太空的滋味。

無聲宇宙　　最大挑戰

要成為一個太空人，要有無比勇氣！

太空沒有空氣，聲音無法傳遞。

當然，因為我們要衝出地球！

太空亦沒有生物，寧靜得有點孤獨。

那是甚麼問題？

不是這個問題……

雖然太空沒有聲音，但絕不會孤獨。

因為全世界的通訊都要經過這個衛星啊。

是因為宇宙水源珍貴，小便都可能要過濾後再次飲用……

航天使命

身為太空人，我們有重要使命！

我決心為人類開拓宇宙作出貢獻。

我決意守護地球！

這和太空人有甚麼關係？

我要守護人造衛星，否則地面的上網速度會變得非常慢啊！

太空垃圾

太空有很多人造衛星殘骸，他們會成為太空垃圾。

終有一天，他們會成為太空發展的障礙。

我絕不容許這種事情發生！

沒錯！

這麼好的零件，當然要拿回地面賣廢鐵才對！

火箭升空

8、9、10……

升空進入最後倒數階段。

咦!?

糟了，發射要暫停！

出國旅行怎可以不在出發前打咭～

FB.COM

阿想
升空10秒前～

甚麼程序!?

我遺忘了一個很重要的程序！

61

太空人——食

為了保護艙內機器，太空人的食物會避免含大量水分。

而且太空艙沒有煮食器，所以食物全都是即食食物。

真辛苦。

而且因為沒有重力——

食物屑會飄出，所以不可邊吃邊說話。

那你還在說！

太空人——衣

太空是超低溫和真空的危險場所。

唯有太空衣可以保護太空人。

而太空衣還有一個特點——

就是它是世上最昂貴的衣服，所以可以穿着去宴會～

太空人——行　太空人——住

月球的重力只有地球的六分一。

太空沒有重力，所以太空人要睡在固定的睡袋。

假若你可以舉起5公斤，在月球你就可以舉起30公斤。

不過睡覺時流口水或雙手仍有機會引發意外。

可惜這裏沒有超級市場⋯

為甚麼？

但是我早有準備！

這樣我幫媽子買米就會輕鬆多了～

改用這種睡袋就最安全了～

放我出來啊!!

多軸訓練　　　太空移民

身為太空人一定要有夢想，阿想你有甚麼夢想？

這部多軸訓練機是太空人的訓練設施，

藉此體驗無重力天旋地轉的感覺。

我希望將來可以移民去月球！

這簡直是我夢寐以求的訓練！

真的？那立刻開始吧。

你為甚麼會有這種想法？

這樣就可以做出最完美的「忌廉溝鮮奶」了～

因為月球夜晚長達15日，我可以每天睡覺睡到夠～

64

太空站　　　　運動

在太空除了人造衛星，還有太空站。

太空人每天都要花長時間做運動。

太空站供太空人在宇宙環境下進行各種實驗。

為甚麼要做運動？

因為不做運動的話，肌肉很容易萎縮。

太空站不單是人類最罕貴的站——

原來如此，我早好了～幸我就達標

你甚麼時候做運動的？

也是最疏班的一個站，一次月，一班也沒有！

我每天都用三小時做「手部」運動～

你這只是打機！

固體火箭 VS 液體火箭？

固體火箭不是指硬的火箭，液體火箭也不是指水做的火箭，而是代表使用的燃料形態。作為目前使用的兩大主要火箭，到底兩者有甚麼分別？

你肯回去太空船準備升空沒有？

固體和液體的特色

固體火箭使用固體形態的燃料，只要點燃燃料就能產生推進力，簡單直接。它的優點是構造簡單，容易保養和運送，成本低所以能大量生產。缺點是加速大，燃料消耗快，一旦點火很快就會用盡，不適合作精細的操控。

點火器

燃氣通道

固體燃料

噴嘴

液體火箭使用液體形態的燃料，燃料和氧化劑混合後可以燃燒產生推進力。它的優點是可以間歇性使用，按需要點燃或中止。缺點是構造複雜，成本高而且保養不容易，運輸和存放有巨大困難。

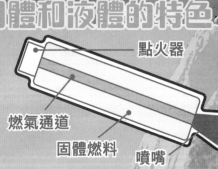

液體燃料

氧化劑

混合及燃燒室

噴嘴

具體例子米，固體便是粥～那液體的話是

火箭推進器非常重要，只要有好的推進器，連雪櫃也可登月。

由於固體液體各有優劣，所以一些火箭會混合這兩種燃料，於不同時段使用，這就是混合式火箭。需要大推進力升空時就用固體，需要精細操作就用液體。

為了把握混合火箭結構，我每天都品嚐混合口味火箭形雪糕～

混合式火箭升空過程

仍未把握混合式火箭的運作嗎？以下就用圖解說明混合式火箭在火箭升空時，各部件會發揮甚麼作用吧！

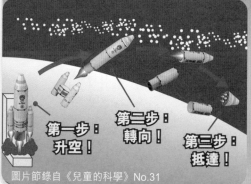

第一步：升空！　第二步：轉向！　第三步：抵達！

太空船和第二節需要改變軌道，所以用液體燃料。

第三節需要有強大的推進力讓火箭擺脫重力升空，所以用固體燃料。

聽說大便可當燃料，剛好我人有三急......

我的熱情就像液體火箭，可加可減!!

你這叫三分鐘熱度！

第一步：火箭升空，由於需要穩定推動力，所以使用固體燃料推動火箭。

第二步：固體燃料很快用盡，此時會脫離固體推動器減輕火箭重量，而液體推動器會啟動，修正軌道往太空前進。

第三步：隨着燃料耗盡，第二節火箭也會脫離，只留下太空船在無重力太空。假若要移動或歸航，就要依靠太空船的液體推動器。

開診

仁心仁術──
醫生

香港醫生分「內科」及「外科」。大學醫科畢業後，依興趣去進修專科並完成訓練的稱為「內科醫生」；「外科醫生」主要負責執行手術，亦需完成外科訓練。香港的註冊專科類別多達四十多種，有助病人按圖索驥。

成為醫生一份子！

除香港大學及中文大學的內外全科醫學士畢業生外，其他人需通過香港醫務委員會舉辦的執業資格試，註冊前需於認可醫院或醫療機構完成實習及評核。然而除了醫術，愛心及耐性也是基本要求，這樣才能將心比己，了解病人痛苦。

苦口良藥　　超級高燒

這包一日服3次，那包一日服4次。

先來量度體溫。

這包早晚空肚服，那包飯後服⋯

竟然有50度!?

咦？醫生你也要吃藥？

糟糕，燒得太厲害了！

不，我只是記下待會吃的糖果而已～

差一點就燒焦了～

呼，太好了～

誠實無欺　　一針見血

十萬火急   貨真價實

人命關天，我要立刻趕過去！

牌匾就掛在這裏吧。

你一定要支持下去啊！

掛牌匾？

幸好趕得及，何況如現在情……！

峻好嚴……

掛「懸壺濟世」還是「再世華陀」？

都不是！

讓我加入幫忙吧！

是我的X光片！有心有肝！

有心肝

準備工夫要做足

雙手消毒後要戴上手套，

手術前要好好消毒，

準備好了，接下來——

當然還要用口罩。

就開始為我的房間做大手術…

清潔

打掃

口腔檢查　　好壞消息

讓我看看你的咽喉……唔……

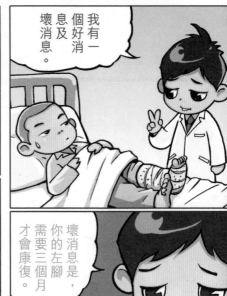

我有一個好消息及壞消息。

看得不太清楚，要用雪條棒推開你的舌頭。

壞消息是，你的左腳需要三個月才會康復。

啊，原來用完了。

那……好消息呢？

不要緊，我吃完這支雪條，就有雪條棒可用～

我們正在做拐杖特價～

要把握機會～

咦!?

73

大手術

巡房　　　　腸胃問題

入院這麼久，住得習慣嗎？

醫生，我腸胃生病，吃甚麼瀉甚麼⋯

一隻腳被吊起，睡覺時不能轉身，很不習慣。

吃西瓜瀉西瓜，吃牛扒瀉牛扒⋯

我有一個好方法！

讓你正常便便！

只要吊在天花板，你想怎樣轉也沒問題啊～

只要吃便便就可以了～

你想做會計師，你有甚麼抱負？

我要成為掌握全公司命脈的人！

這不是CEO的工作嗎？

不，這是會計的工作。

因為每個人的薪水都要經會計核准啊～

開支數字好夥伴——會計師

會計基本工作是有系統地收集、記錄企業財務活動的相關資訊，從而編制財務報表及各種分析，方便管理層管理企業。根據企業類型及範疇，會計工作範圍還包括財務會計、管理會計、審計等，十分廣泛。

成為會計師一份子！

無論投身哪種會計行業，都需通過相關專業考試，以持有專業資格。以最基本的會計文員為例，中小型公司會要求 LCCI(倫敦商會)會計 Level 2 的資格，部分大公司則要求會計專業團體(如香港會計師公會)的學生會員資格。

計算機　　數字海浮沉

計算機是會計師的最佳拍檔。

會計師要面對大量數字，

會計師不看鍵盤也能輸入，俗稱盲打。

所以一定要對數字有耐性。

而我已有五成功力。

怎算有五成？

我會盲打，但不知自己打了甚麼。

你連一成功力也沒有！

我對數字一向有耐性。

真的？

我失眠數綿羊可以數到3000隻～

3000羊

成本控制　　　數字反應

會計師要控制成本，所以我要想辦法節省辦公室租金！

會計師要對數字變化敏感，

讓員工在家工作如何？

一旦看到奇怪變化，就要立刻有反應。

這無法監管工作，我另有方法。

我對數字變化反應非常快！

真的？

向高空發展，就能節省空間和租金了～

一到下班時間我就立刻有反應～

你只是這懶！

78

專業態度　　簿記技巧

你的財務報表差不多全算錯，要重做！

會計之中有一種叫簿記，列明收支方便計算。

怎麼可能!?

大家也可用簿記記下飲食開支。

菠蘿油

這是事實，不然你檢查看看。

我檢查了很多次。

我沒有這需要。

為甚麼？

明明應該全錯才對啊…

我吃飯都會找你請，沒有開支～

$100.

折舊費用

公司任何器材都會隨着時間而老化，

會計每年要估算器材的折舊率。

不過有些東西放得越久越值錢！

你指紅酒？

是我，坐着不下班就可賺加班費～

你給我下班！

無微不至

會計師連1毫子也不會放過，所以經常被批評為「算死草」。

你真的很專業！

我那麼着緊1毫子是有原因的，

因為9毫子的心算太麻煩了。

$$0.9 + 0.9 + 0.9 = ?$$

T字帳

會計師會用T字帳記錄各類收支。

收入放左邊，支出放右邊，絕不會混在一起。

這方法在日常生活也很有用。

你想做個人收支記錄？

吃飯和付帳的人也應該分開～

繁忙工作

會計師最忙的就是每年的結算期，

為了總結全年收支，大家忙得不可開交。

這麼快!?

我已經完成了！

這是上年2013年的年報表，我剛計好～

會計餐單

會計師面對一大堆數字，要用很多腦力…

這個時候就要補充營養！

你是指豬腦湯？還是甜品補充糖份？

是字母湯～以形補形～

職業病　　熱心工作

身為會計師，我平日也很精打細算。

最近你很晚下班呢。

今天我就教大家在茶餐廳省錢的方法！

同學茶餐廳

因為我在計加班費。

計好了嗎？

當侍應送上熱飲時…

根本計不完啊。

為甚麼？

只要你立刻喝掉就能省錢！

因為凍飲要加2元，一定要趁熱喝！

因為我加班來計加班費，所以每天也有新的加班費啊～

入職要求

你想當廚師，那你會煮甚麼菜？

豬扒炒公仔麵、牛扒炒公仔麵，還有雞扒炒⋯

全部都是炒公仔麵，還有其他的嗎？

有，公仔麵炒豬扒，還有公仔麵炒牛扒！

創造全方位美食——廚師

除了廚藝，廚師還要有食物安全、成本控制等知識。根據餐廳規模，廚師分為不同職級，由主廚督導及安排工作。由於掌控客人食物衞生，因此講求職業道德。在現時流行的開放式廚房中，廚師亦時常需要和客人交流，因此「文武兼備」才是專業廚師的典範。

成為廚師一份子！

如學歷不足，可先由餐廳學徒做起。若有中英語文基礎，可報讀職業訓練局轄下的中華廚藝學院舉辦的各類中餐全日制證書課程。若對西餐及酒店餐飲有興趣，則可報讀香港西廚學院的課程。

天然風味　　工欲善其事

煮中餐我會用鐵鑊！

現在有很多廚師做菜會用味精。

煮西餐我會用平底鑊！

但這樣實在太不健康了！

若果煮菜時不小心燒焦了…

所以——

我創作了這款只用天然味道的菜式～

這只是生果拼盤！

那就會好大鑊！

焦世界

85

鬼斧神工

依從吩咐　　　試食

先生，你點的牛扒。

阿想，你來幫下我試一味道。

我明明要五成熟，這牛扒怎會煎成黑炭的！

……唉。

放心，我保證是五成熟。

怎樣？莫非你身體不適？

一面熟透一面全生，剛好五成！

我忘了帶電話，不先拍照打咭不能吃啊……

百變菜單　　抗鼠妙法

又是咖哩豬扒飯，很悶啊…

廚房這麼多食物，就會有老鼠，很麻煩。

不如試試我們的星洲豚肉飯。

我這邊就沒有老鼠出沒～

聽起來不錯，就要這個吧。

真的？有甚麼方法!?

很簡單～

星洲即咖哩，豚肉即豬肉，其實是一樣～

因為我煮的菜難吃得連老鼠也要逃走～

88

烹飪節目（二）　烹飪節目（一）

今天我們很高興，請來阿想大廚教大家煮菜～

今集我教大家煮蝦仁炒蛋，就算未下過廚也能學會！

方法非常簡單，只要……

打電話叫外賣就行，麻煩我要蝦仁炒蛋～

給我認真教！

應主持要求，現在我認真教大家煮蛋包飯……

首先要炒蛋，然後就加飯……

接下來是重點！

飯包蛋！

最佳調味　　分子料理

現在流行分子料理，樣子是A，但味道是B。

作為廚師，我也要學習！

這個就是我的分子料理——

讓我來試食！

樣子是雪糕，實際是牙膏～

你這只是把牙膏倒進雪糕筒呀！

食對人類來說是為了維生，

而廚師的職責就是把維生提高至享受！

我有一個方法可以讓任何人都真正享受…

只要令人好肚餓，就吃甚麼也會覺得好味道～

等了三個小時，甚麼時候才會上菜！

90

全新風格　　滋味無窮

客人你覺得今天的餸菜味道如何？

好甜的炒飯，很特別！

我覺得昨天的比較好味道。

我第一次吃到甜的炒飯，你是如何想到的？

絕對不可能！

其實也沒有很特別⋯

主要是我不小心把糖當成鹽⋯

因為這碟菜就是你昨天餘下的。

偉大的職業

農夫是一份非常偉大的職業!

全靠農夫我們才有充足糧食!

所以我決定為農夫作一點貢獻!

好主意!

貢獻一點肥料~

你這只是隨地小便!

回歸自然——農夫

香港傳統農業日漸式微,但有機農業則愈來愈受重視。但因生產成本高,有機農夫的工作比傳統無機耕作更忙碌。除了除蟲除草、紀錄觀察農作物狀況等一般農務外,還要協助研發新式農具以提高效率,並推動本土生產,推廣低碳環保生活。

成為農夫一份子!

康文署推行的社區園圃計劃,可讓未接觸過耕種的人培養興趣。另外,有些機構會提供假日農夫租地計劃,並有駐場導師提供技術支援,是吸收經驗的一大途徑。有了基本技巧,便可向一些生產農場申請租地,體驗真正農耕生活!

有機耕作

隨著科技發展，人類開始利用基因改造、化學肥料來耕種。

這樣不但不健康，而且還會破壞生態平衡。

所以我堅持進行有機耕種！

你真偉大！

主要是因為有機耕種售價賣貴很多～！

農夫類別

農夫有很多種，按種植的農作物來分類。

種花叫花農，種水果叫果農。

太普通了，我的才特別。

你是甚麼農？

我種小梨子，叫**梨小農**！

分享成果　　太陽與農夫

你可以幫忙收割嗎？

農夫工作就是日出而作日入而息！

我為甚麼要幫你？

即是有太陽就工作，沒太陽就休息。

我會分一半收成給你。

成交！

我非常堅持這一點！

你真勤奮！

蘿蔔葉你的，蘿蔔我的～

所以陰天和下雨天我都不工作～

預知天氣　　農場必備

自古以來，農民都擅長預測氣候變化。

為了預防旱災，我準備了儲水塔收集雨水。

若日落時西邊有烏雲，就代表半夜會下雨。

為了預防陰霾，我準備了植物燈確保陽光。

這種預測我也會，若日出時東邊沒有雲——

那會怎樣？

那就要做好防曬準備了～

準備非常充足呢。

不，還欠一件東西。

還欠一個稻草人驅鳥～

放開我啊！

一物二用　　　除蟲除草

有一種耕種方法叫做魚菜共生。

蟲害是農夫的敵人。

養魚的水用來種菜，而水過濾後又用回去養魚。

為了消滅害蟲，農夫會灑上農藥。

我認為人類的生活也可以用這種共生方式。

不過為了追求天然，我決定不用農藥！

你想人手除蟲？

我吃剩的菜給你吃～

我才不要吃你的殘餘食物！

連菜蟲一起吃，不就最天然了嗎～

翻土工具

農夫的一天

以往農夫日出而作，日入而息，

現代科技發達，入夜後才是農夫最繁忙的時間！

晚間要做甚麼？

忙着去偷菜！

玩網頁遊戲!?

特色形狀

坊間有一些方形西瓜，其實是在成長時用模具覆蓋而成。

只要用同一模具，誰人也能種出這些水果。

哎呀，若果我早點知道這方法就好了……

把韓星的瞼蓋到自己瞼上，就可以變帥一點了～

土質保養

在收割後，農夫會把殘餘的農作物覆蓋在田地上。

這樣可避免泥土直接暴露，防止水土流失。

這方法真的不錯，就算在日常生活也用得上！

在目前天氣，人類也需要防止體溫流失……

起床啊！！

粒粒皆辛苦

粒粒皆辛苦，每粒白米都是農夫的血汗！

所以我們不可以浪費食物！

為免浪費農夫心血，我有個更好的提議！

大家以後只鋸扒這樣農夫就不用辛苦種米了～

99

孔子曾說過「不時不食」，意思即是不吃不合時的食物，換成現代的說法則是只吃「當造」食物。到底當造有甚麼重要，連孔子也要著書說明呢？

*圖片節錄自《香港周末遊》

當造益處多，餐桌上的健康蔬菜！

何謂當造時菜？

時菜就是配合天氣和溫度轉變，順應季節特徵種植的蔬菜。在冬天種植適應寒冷天氣的蔬菜，在夏天種植適應炎熱天氣的瓜果，這樣便容易豐收，蔬菜的味道會更好。

做人都要當造，冬天最好躲在被窩～

當造有甚麼好處？

現代交通和農耕技術發達，令我們隨時也能進食各類蔬菜，但本地種植的當造蔬菜，由於順應天氣和環境，無需使用大量農藥和肥料來滅蟲和增量，吃起來自然更健康、味道更好了～

其實有蟲又有甚麼可怕～餵人吃便是了～

最重要是這些蔬菜會比較便宜～

既然知道了當荏蔬菜的益處，從今天開始你就可以留意晚餐有沒有當荏蔬菜了～以下介紹五款冬季的當荏蔬菜，你有在冬天吃過嗎？

香港冬日的當荏時菜!!

西蘭花

《花哥BB》的主角花哥，源自意大利（原來花哥是意大利花！？），含有豐富的維他命C，有助維持血管健康。由於人類無法儲存維他命C，所以要定期進食補充。

黃芽白

據說中國種植黃芽白已有6000多年的歷史，連秦始皇也可能常吃黃芽白。它含有豐富的維他命A、C、鈣和鎂，對美容有很大幫助，大家要提醒母親多吃一點～

芹菜

有助降低血壓、清熱及維持神經健康，另外它內含的類胡蘿蔔素能保護視網膜。話說回來，大家有沒有因為「芹」和「勤」同音，所以被迫吃芹菜？

吃完黃芽白，到底牙會變黃還是變白？

豆苗

亦稱豌豆苗，本來農夫只會收穫豌豆，後來發展成把嫩苗做菜。它含有豐富的纖維素和維他命B，對排泄、皮膚及免疫系統有良好幫助。

甜椒

甜椒的原產地是墨西哥，是辣椒的變種。據說愈紅的甜椒所含的維他命C愈豐富，而且生吃更有益，對眼睛、心臟及預防癌症均有幫助。

除了以上例子，香港還有更多當荏蔬菜，你知道其他例子嗎？

入行理由

萬丈高樓從地起——
建築工人

根據建築類型及施工特性，建築工人會依從分配，負責木工、電工、重型設備操作等工作。作為土木及建築工地的前線人員，建築工人的技術涉及力學、工程學等專業領域，對體力也有相當要求，一般人是無法勝任的。

成為建築工人一份子！

由於建築工程有多項分工，如焊接、打樁、電氣裝配等，需按工作類型事先向建造業工人註冊委員會申請相關註冊。建造業議會也有各類全日制課程供沒建築基礎的人報讀，亦會協助學員找尋合適工作崗位。

壓路先鋒　　萬丈高樓

建屋首先要打樁！

這是壓路機，用來舖平路面的。

萬丈高樓從地起，打好根基最重要！

這一點用在做人身上也一樣，

任何東西給它壓過都會變平？

所以我要保養身體，經常睡覺保持最佳狀態⋯

沒錯，任何東西都會變平。

偷懶也有這麼多藉口!?

那幫我壓一壓這套校服，我不想熨～

安全要緊　日薪工作

建造業是日薪制，以日數計人工。

地盤工作有很多危險，

所以要穿上全套安全裝備，包括頭盔耳罩、鐵頭鞋、安全圈…

上一天班就計一天薪水，多勞多得。

不過這樣實在太複雜了！

我完全體會到。

你是想建屋還是做英雄啊！

準備一套Iron人就最簡單～

在大太陽下工作，毫無疑問是日「辛」制。

地盤諺語　天秤技術

有句俗語叫「三行佬做門」！

甚麼意思？

天秤是用來把建築材料和工具運到高處的。

意思是「要過得到人，過得到自己」。

不是我自大，我駕駛天秤的技術一流。

這樣厲害？

不過我的有點不同！

怎樣不同？

表演一下給你看吧。

我長得矮，過得到自己就可以～

說到夾公仔，我絕對是專家！

最強建築

鏟泥車是用來幫工人搬運大量泥沙的！

不過我只用鏟泥車就可以建城堡！

鏟
挖

然後工人就會動手，用材料來建築。

看好了！！

吓，怎麼可能!?

完成～！

豪華沙堡～

新式建築法

香港建屋真的很快!

因為會預先做好,再運到工地拼砌。

不過我有個更快的方法!

大家都住在山洞就不用建了~

那請你來幹甚麼啊!?

混凝土車

這個筒會不斷轉動,讓混凝土不會凝固。

使用時就把混凝土倒出來。

若說有甚麼需要改良⋯

就是改成思樂冰車~!!

烈日當空　　準備十足

鏟泥車壞了，現在急用，怎辦好？

大太陽底下工作真辛苦…

我有辦法，讓我來～

不過這反而激發了我的鬥志！

你有修好它的方法？

不是，

無敵砌磚摩打手!!

我是有不怕意外的勇氣！

身為專家，當然會砌一道牆來遮陰～

獨門技術　　建築工序

工人會搭棚架做工程，

首先要架好支架，

只有香港才精通這技術。

同意～

然後灌牆身，

所以我已經學會搭棚！

真的？

最後塗好外層⋯

築得很快啊。

只是綁起三支竹，這也算棚架!?

完成了，一起來跳吧～

糖果屋不難築啊～

朱古力條

忌廉

麵粉

表演開始

大魔術師想的
Magic Show
即將開始～

歡迎大家
來欣賞
我的表演！

現在就立刻
開始第一
個 magic ！

神龍召喚——

不是這種 Magic 呀～！

化不可能為可能——
魔術師

是以表演魔術為職業的人，透過道具及手法，帶給觀眾不同驚喜。然而比起舞弄道具，魔術師的最重要技法還是引導觀眾注意力及思緒。另外，魔術界人士一般都不會公開表演的秘密，這也是魔術能一直引人入勝的原因。

成為魔術師一份子！

途徑有數個：1. 報讀坊間的魔術學校或課程，成績優秀更有機會參加本地或海外比賽；2. 加入學校的魔術學會，爭取公開表演機會；3. 於魔術店工作，並留意外界比賽或表演的消息。

破舊立新　擺脱傳統

你不是要做魔術師嗎？怎麼不穿西裝？

魔術師經常用啤牌或硬幣作道具，

傳統魔術師會穿西裝，但我不是傳統魔術師。

但是我決定不再重覆這些表演。

那你是甚麼魔術師？

其實我是——

你打算開創新魔術？

沒錯！

同時使用這兩種道具，夠創新吧～

「摩」術師～

爽呀～

魔術奧秘

魔術師必須嚴守魔術奧秘！

但我今日會堂堂正正公開，我的魔術是掩眼法！

你這樣公開，會否被其他魔術師怪責？

不用擔心～

因為是真的「掩眼」法～

檢查

為了保證道具沒有機關，魔術師在表演前會把道具給觀眾檢查。

請檢查這個箱子～

好！

真的沒有機關呢。

對吧～

所以我不會使用這個箱子表演。

拋

消失的魔術

啪

我會把自己變走！

關！

魔術師不見了，誰來謝幕？

好厲害！

哇～

表演完畢，當然是下班轉移回家啊～

阿想，你轉移到哪裏去了？

啤牌魔術　禁忌的魔術

無中生有　　錬金魔術

讀心術 　　 表演地點

小姐，我能夠看穿你的想法。

真的嗎？

來吧，我表演魔術給你看！

不信的話，說中你的年齡，我可以

無論刀鋸美人、變白鴿，我都懂！

好，我感應到了，你的年齡是——

我現在只想你表演一種魔術。

哪一種？

17歲～

全對～

你讀的是虛榮心啊!?

消失呀！！

116

助手　　阿想移山

你有看過變走太平山的魔術嗎？

沒有啊。

有一個魔術，需要可靠的助手才能完成。

想看嗎？

非常想！

而這人非你莫屬！我最信任你了，你會幫助我嗎？

說得好，我——

你會表演給我看嗎？

好！既然你這麼說，我當然義不容辭！

太好了！就請你做的刀鋸美人——的美人！

我是說我也想看……

第一站

各位團友，我是你們的領隊阿想。

大家看看這間位於你們右邊的好豪華！酒店！

今晚我們就住在──

它旁邊這間～

環遊世界的旅行團保姆── 領隊

領隊負責帶領團員到外地旅遊，沿途除了負責照顧團員、行程規劃外，還兼負解說及維持氣氛等。旅行團人數能多至 50 人，因此領隊的身體及精神狀況、應變力都要十分良好。

成為領隊一份子！

想成為領隊，需中學畢業，並持有旅遊業議會認可的六個有效急救證書（或急救聽講證書），以及「外遊領隊證書課程」畢業證書，然後便可申請旅遊業議會的領隊證（有效期兩年，過期需續證），方可投入帶團工作。

緊張旅程　旗仔

每次帶團，一上飛機我就緊張。

領隊通常拿旗仔帶團，團友跟在後邊，簡稱鴨仔團。

我剛好相反，我差不多降落時才開始緊張。

一但人多，就很容易走失。

因為要開始工作所以緊張？

不，

我發明了一個新方法，保證不會走失！

我是擔心趕不及把電影看完！

串成一隊做狗仔團～

澳洲名勝　Ｏ京全攻略

東京是很受香港人歡迎的旅遊地點。

來到澳洲，當然要帶團友來看烏魯汝。

其實北京和南京也有很多人遊覽。

烏魯汝是一塊著名大石，有地球肚臍的稱號。

為甚麼沒西京？

好問題！

你怕破壞世界遺產？

待會你們上去後，千萬不要亂摸。

因為唐三藏取走了西「經」，所以就沒有了～

摸肚臍會肚瀉，一但地球先生肚瀉怎麼辦？

美國自由行

神像是由法國人在法國建造，再於 1886 年送給美國作禮物。

來到美國旅行，一定要看自由神像！

神像這麼巨大，怎麼由法國運來美國？

簡單！

名為自由神像，當然是用自由式游過來了。

英國之旅　　本地特色

英國有很多厲害名勝，例如世界第三高的大笨鐘、

作為一個領隊，我也要為大家介紹一下香港特色～

壯觀的倫敦塔橋。

其實香港有一種飲食文化是獨一無二的！

還有這個3歲小孩。

這個小孩有甚麼厲害？

飲茶？

不是，

Hello～

3歲就能說流利英語，還不夠厲害？

是常餐即食麵，外國餐廳是不會提供這種餐點的！

122

旅行飲食 　　　精明領隊

除了安排行程，領隊還要安排團友的飲食。

作為一個領隊，我一眼就能看出每位團友的需要！

最擔心就是團友不習慣當地口味⋯

好咸！

好辣！

買化妝品左邊！想吃美食去右邊！

不過我有解決方法！

?　?

你⋯

全程都吃罐頭，這就不怕口味問題了～

SOUP　BEAN　CAT DOG

外星人想回火星⋯⋯我幫你找火箭～

非洲大草原　　中國風景如畫

各位團友，我們來到桂林了！

大草原有很多野生動物，

桂林山水甲天下，果然沒說錯！

喝點水休息一下～

觀光時必須時刻保持警覺，以防受襲。

這水很清甜，是甚麼牌子？

著名品牌，

阿想領隊警覺性真強，值得信任。

就是甲天下的「桂林生水」，未煮過的～

其實我是找不到回去的路……

旅遊指南　溝通絕招

這裏有很多旅遊書啊。

現在很多人喜歡自由行，我們生意愈來愈難做了。

不用失望，我有辦法解決。

真的？

轉行去寫旅遊書就行了～

在外國人生路不熟，語言不通，一旦發生意外該怎麼辦…

我作為領隊，當然會教大家作好準備！

無論去到何處、遇上甚麼語言，這句話都很有用。

『Hello，你可唔可以講廣東話呀？』

125

萬里長城

全長約21200公里。是秦始皇為抵禦外族入侵而下令興建，把趙、燕等國城牆連接，成為雛型。至今有二千多年歷史。

地點：中國北京、天津、青海等15個省市區
興建年份：約公元前214年

泰姬陵

是莫臥兒王朝第5代皇帝為紀念皇后姬蔓‧芭奴，動員過萬人及上千頭大象興建。外側高塔微微外傾，確保地震時不會壓到主殿，從遠處看去亦更美觀。

地點：印度北方邦阿格拉
興建年份：1632年

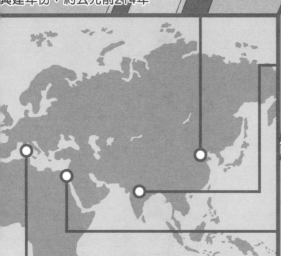

七大奇蹟！

佩特拉

地點：約旦馬安省
興建年份：約公元前600年之後

位於一條峽谷中的古城，建築多以峽谷的赤褐色岩壁雕刻而成，是昔日納巴特王國的首都。電影《變形金剛狂派再起》中，六位至尊就是葬於此地。

羅馬鬥獸場

古羅馬帝國的象徵建築，繼承圓形劇場的風格，分成五層，供不同階層人民使用。曾多次因天災而受損，至18世紀才開始受到保護。

地點：意大利羅馬
興建年份：70~80年

契琴伊薩

地點：墨西哥猶加敦州
興建年份：約公元前6世紀
昔日瑪雅文明的重要城市。當中最為人熟識的是位於中心的卡斯蒂略金字塔，是崇拜羽蛇神的石製神殿。隨着太陽移動，羽蛇神的影子會投射到地面。

馬丘比丘

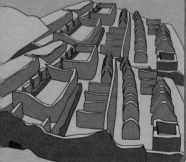

地點：秘魯庫斯科省
興建年份：約1440年
印加王國的遺跡，建於海拔二千多米高的山脊。考古學認為它並非供一般人居住，而是類似貴族的渡假別墅，故居住人數不過千人。

領有知旅，要當個好當個遊對旅隊，不但要遊對旅行。要豐富的旅遊熱情。識，還要充滿熱情。這次就由我當這次就由我當領隊，帶大家在紙上環遊七個名勝～

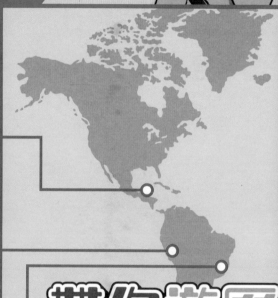

帶你遊歷

里約熱內盧基督像

位於710公尺高的科科瓦多山頂。高30尺，張開手臂總長28公尺，基座是個可容納150人的教堂。乘升降機或扶手電梯皆可登上基督像，並從高處欣賞山下城市景色。

地點：巴西里約熱內盧
興建年份：1931年

第1集

編繪：何同學
原案：CO-CO!創作組
監修：陳秉坤
編輯：何昊仁、黃慧兒
設計：陳沃龍、黃卓榮、李佩珊

出版
正文社出版有限公司
香港柴灣祥利街9號祥利工業大廈2樓A室

承印
天虹印刷有限公司
香港九龍新蒲崗大有街26-28號3-4樓

發行
同德書報有限公司
九龍官塘大業街34號楊耀松（第五）工業大廈地下

香港中文版版權所有　　　　　　　　　　　　　　　翻印必究
第一次印刷發行　　　　　　　　　　　　　　　　　2015年7月

Printed and published in Hong Kong.
ISBN : 978-988-8297-00-9
售價HK$48
若發現本書缺頁或破損，請致電25158787與本社聯絡。
CO-CO!官方網站 http://www.co-co.hk/